Car il est comme les pensées de son âme...
Proverbes 23:7

Les auteurs:

Karen Porter et Martha Joseph Watts

Illustré par

Karen Porter

Traduit par

Lydia Joseph

Mandalas des émotions

Copyright 2020 par Everfield Press
ISBN: ISBN: 978-1-946785-25-1

Ce livre est dédié

À

Votre voix intérieure

Ce livre non-fictif contient des illustrations et des définitions de 25 émotions qui aideront à exprimer des sentiments.

KAREN PORTER

Copyright © 2020 Karen Porter, Everfield Press, Floride.
Sous réserve des exceptions légales, toute représentation ou reproduction intégrale ou partielle, faite, par quelque procédé que ce soit, sans le consentement de l'auteur est illicite et constitue une contrefaçon. L'auteur est seul habilité à délivrer des autorisations de reproduction.
Tous les droits de reproduction sont réservés.

ISBN: 978-1-946785-25-1

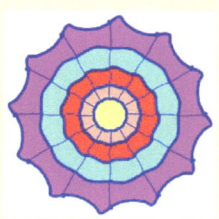

Avant-propos et Note aux Lecteurs

La définition des Mandalas peut varier, néanmoins il y a quelques points communs: circulaires, symboliques, spirituels et axés sur l'unité de soi. Bien que le mandala puisse être considéré comme un symbole religieux, il peut être utilisé à diverses fins importantes, dont l'une est d'encourager la conscience émotionnelle sociale.

À mesure que le temps s'écoule et que le monde devient plus axé sur la technologie, on constate que les enfants, les étudiants et même les adultes trouvent difficiles de « ressentir ce qu'ils ressentent », c'est-à-dire qu'ils ne sont pas en mesure de se pauser assez longtemps pour ressentir, reconnaître et exprimer se qu'ils ressentent.

Les experts dans le domaine de l'apprentissage socio-affectif avertissent qu'il faut maintenir une bonne santé mentale chez les élèves. Les éducateurs doivent être en mesure d'expliquer clairement aux élèves que les sentiments suscités par la pandémie se gèrent de la même manière que celles suscités par les catastrophes naturelles et les troubles scolaires.

Ainsi, l'objectif de ce livre est de fournir du vocabulaire pour encourager les enfants autant que les adultes, à se pauser et à se connecter avec leurs sentiments, à les reconnaître, à se sentir libre de les exprimer, et à travailler sur la gestion ou la régulation de ces sentiments de manière à favoriser le bien-être personnel et la pleine conscience.

Depuis peu, nos écoles et nos lieux de culte sont devenus des lieux d'attaques violentes. Le plus souvent les éducateurs sont impuissants face à l'augmentation du niveau d'anxiété dans les salles de classes, et particulièrement dans les milieux où le nombre d'élèves nécessitant un soutien émotionnel l'emporte sur le nombre de soutien professionnel disponible.

Par conséquent, nous espérons que les éducateurs à domicile, au sein des écoles et dans les communautés pourront utiliser ce livre de Mandala comme un lieu de refuge, encourageant les élèves à explorer leurs sentiments et développer le courage de les exprimer par le biais de l'art.

Faites une pause, reproduisez la dernière page de ce livre, ou procurez-vous la version coloriage. Ajoutez des formes, des lignes et des couleurs pour exprimer ce que vous ressentez.

Vous pouvez ensuite utiliser votre production pour créer des poèmes, des histoires, ou des œuvres d'art. Voir un exemple à la page 27.

Sentiments

Exprimer une émotion ou une réaction.

On a tous des sentiments.

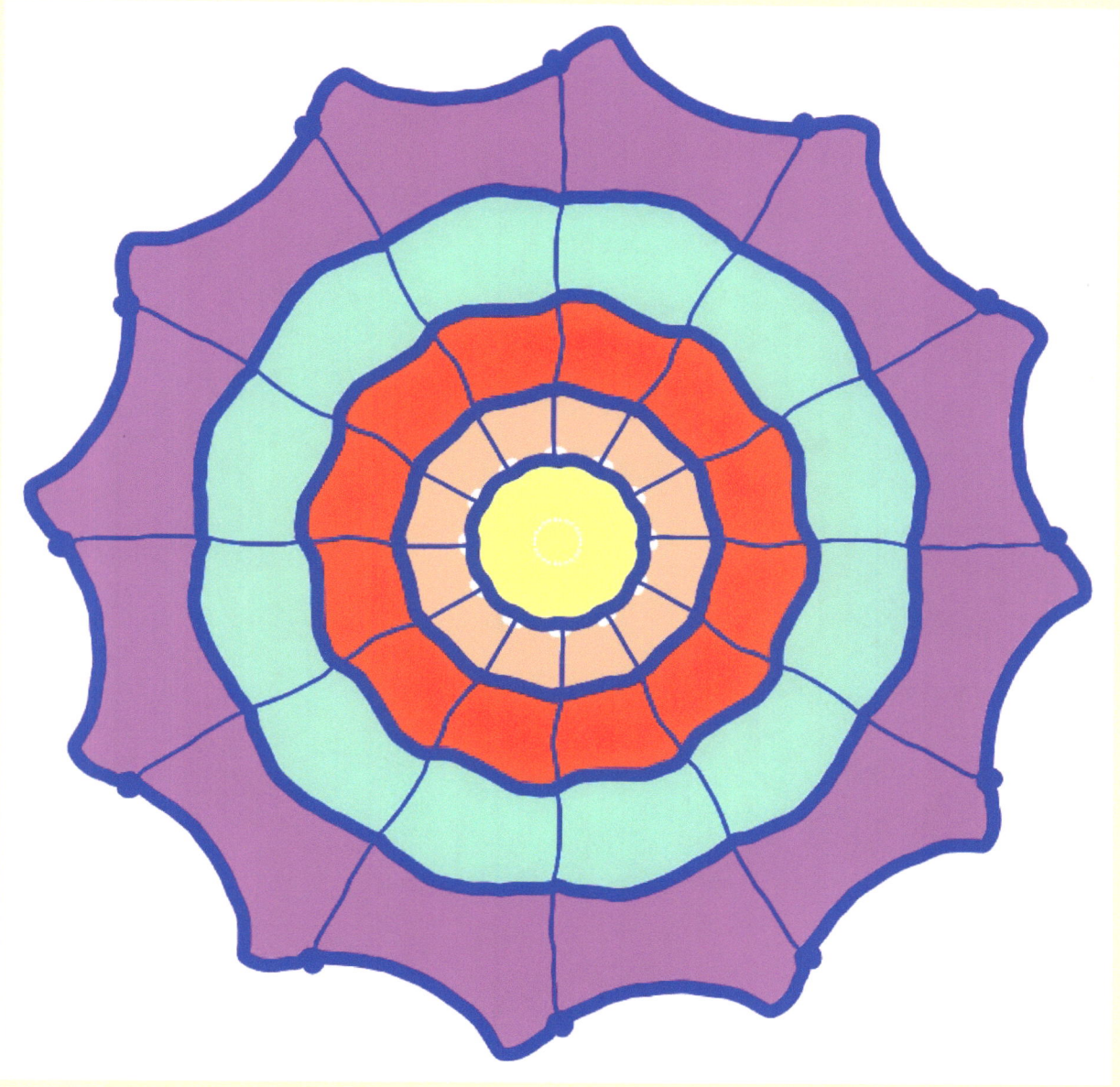

Que se passe t-il en nous, nous permettant de ressentir?

Confiant

Avoir un sentiment d'assurance, être sûr de soi.

Parfois on a l'air confiant.

Que se passe t-il en toi, qui te donne l'air confiant ?

Effrayé

Être rempli de frayeur. Avoir très peur.

Parfois on a l'air effrayé.

Que se passe t-il en toi, qui te donne l'air effrayé ?

Excité

Avoir l'impression que tout est génial.

Parfois on paraît excité!

Que se passe t-il en toi, qui te donne l'air excité?

Furieux

Avoir l'impression qu'on a été injuste envers toi.

Parfois on a l'air furieux.

Que se passe t-il en toi, qui te donne l'air furieux?

Heureux

Être content. Avoir envie de sourire.

Parfois on a l'air heureux.

Que se passe t-il en toi, qui te donne l'air heureux?

S'ennuyer

Ne se soucier de rien, ou avoir envie de ne rien faire.
Parfois on a l'air de s'ennuyer.

Que se passe t-il en toi, qui te donne l'air de t'ennuyer?

Optimiste

Avoir l'impression que tout ira mieux.

Parfois on a l'air optimiste!

Que se passe t-il en toi, qui te donne l'air optimiste?

Confus

Ne pas être sûr de quelque chose.

Parfois on semble confus.

Que se passe t-il en toi, qui te donne l'air confus ?

Déçu

Ne pas obtenir ce que l'on veut.

Parfois on a l'air déçu.

Que se passe t-il en toi, qui te donne l'air déçu?

Gêné
Se sentir honteux.

Parfois on a l'air gêné.

Que se passe t-il en toi, qui te donne l'air gêné?

Timide

Ne pas vouloir se faire remarquer.
Parfois on a l'air timide.

Que se passe t-il en toi, qui te donne l'air timide?

Frustré

Être bloqué par un problème que l'on ne peut pas résoudre.

Parfois on a l'air frustré.

Que se passe t-il en toi, qui te donne l'air frustré?

Grincheux

Être de mauvaise humeur.

Parfois on a l'air grincheux.

Que se passe t-il en toi, qui te donne l'air grincheux?

Coupable

Avoir l'impression que c'est de notre faute.

Parfois on a l'air coupable.

Que se passe t-il en toi, qui te donne l'air coupable ?

Triste

Perdre quelqu'un, être malheureux et en souffrance.

Parfois on a l'air triste.

Que se passe t-il en toi, qui te donne l'air triste?

Affamé

Ressentir un besoin de nourriture.

Parfois on a l'air affamé.

Que se passe t-il en toi, qui te donne l'air affamé?

Malade

Se sentir mal, quand notre corps fait mal.

Parfois on a l'air malade.

Que se passe t-il en toi qui te donne l'air malade?

Inquiet

Avoir peur de ce qui pourrait mal tourner.

Parfois on a l'air inquiet.

Que se passe t-il en toi, qui te donne l'air inquiet?

Stressé

Être constamment angoissé.

Parfois on a l'air stressé.

Que se passe t-il en toi, qui te donne l'air stressé?

Avoir sommeil

Être fatigué, avoir envie de s'allonger.

Parfois on a l'air d'avoir sommeil.

Que se passe t-il en toi, qui te donne l'air d'avoir sommeil?

21

Ce mandala exprime les sentiments de quelqu'un. Il a des points et des triangles.

Tes sentiments, ont-ils des formes?

Peut-on sentir le jaune, le rouge, le magenta et le rose?

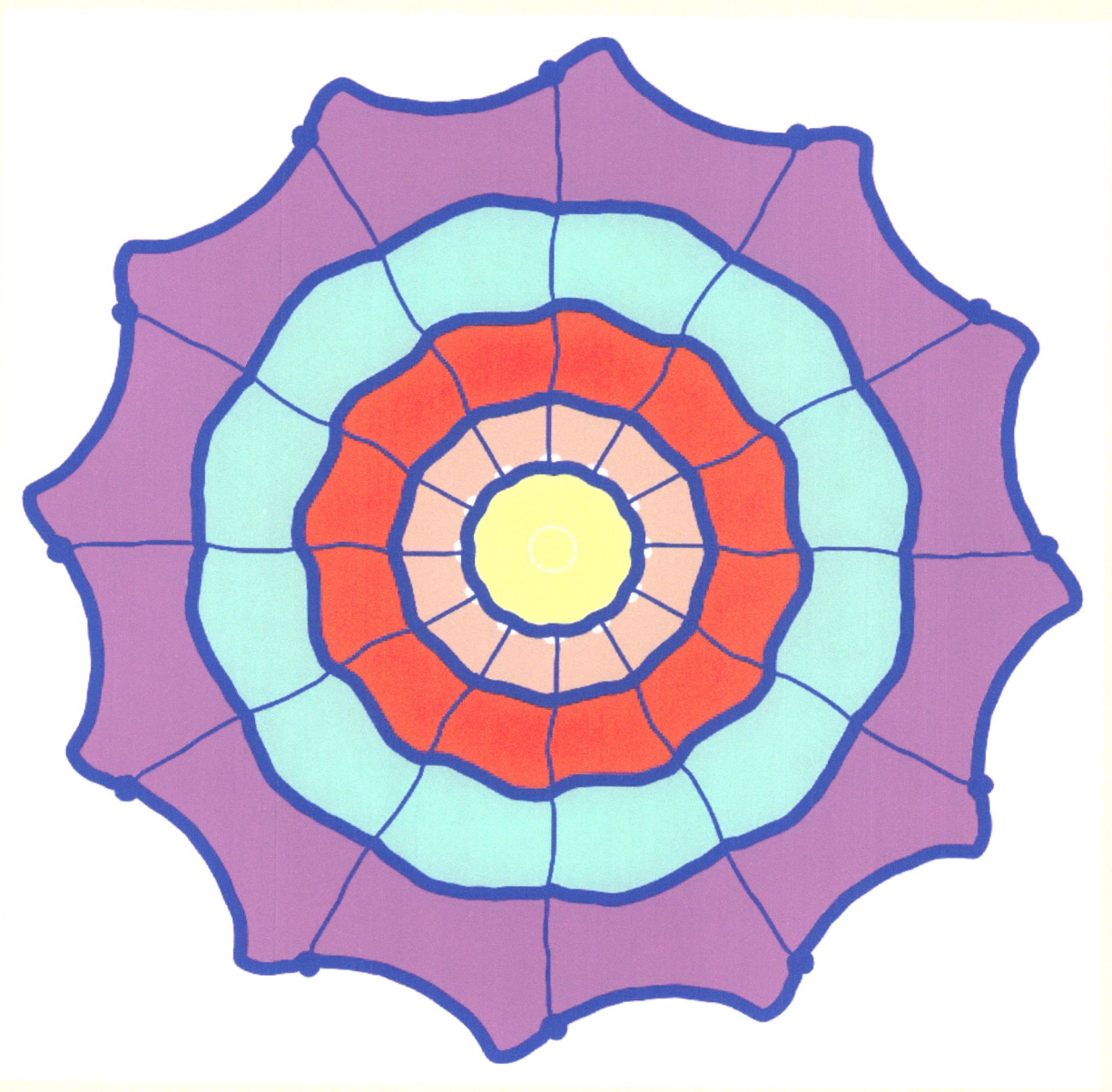

Tes sentiments ont-ils des couleurs?

Les gens ressentent-ils les sentiments comme les pétales d'une fleurs, ou comme les pointes d'un flocon de neige?

Tes sentiments, ressemblent-ils à des choses que tu vois dans la nature ?

Parfois quand on regarde une personne,

On peut comprendre ce qu'elle ressent.

Comment dessinerais-tu, peindrais-tu, colorierais-tu les sentiments que

tu

as en toi?

Voilà un exemple de mandala complété et
la manière dont il peut être utilisé pour favoriser une création littéraire.

À la Voix
Une voix.
Familière?
Pas si familière.
Suscite l'engouement!
Apporte de la nouveauté, suscite l'espoir,
Stimule la créativité, redonne un but,
Irrite le sommeil,
Et ravive le désir de continuer à innover et à vivre.
-Pedwis

À PROPOS DU LIVRE –

La création des Mandalas d'émotion nous permet de nous connecter à notre réalité émotionnelle interne et de la percevoir– et d'exprimer nos émotions à travers une forme d'art née de traditions mystiques et anciennes. C'est un moyen de donner une forme visuelle à l'ineffable qui est en nous. Grâce aux mandalas, nous pouvons désormais accéder plus facilement à des expériences qui sont extrêmement difficiles à définir de manière significative.

Jim Porter, Ph.D., LMHC

L'intelligence émotionnelle se développe, lorsque l'on apprend à observer et à permettre à nos émotions d'être ce qu'elles sont ou de changer si nécessaire, sans essayer de les forcer à être ou à se substituer à ce que l'on pense qu'elles devraient être.

En examinant constamment notre vie intérieure, les méthodes cognitives et corporelles inconscientes qu'on utilise pour atténuer les émotions et de les couper de la conscience, et l'expérience de nos sentiments, peuvent s'estomper. Les Mandalas d'émotions personnelles entrainent progressivement une connaissance du vocabulaire émotionnel. Ce peut être le début de l'expression de nos émotions qui commencera à apaiser la pensée et le comportement répétitifs et impulsifs que l'on utilise depuis si longtemps pour bloquer nos émotions. Cet apaisement permet en retour un flux d'émotions plus naturel, admettant un plus grand choix de comportement et de pensée.

Les paradigmes dépeignent la vie intérieure des êtres humains comme un flux de comportements, de pensées et de sentiments. Tout au long de l'histoire de la psychologie, il y a eu des désaccords. On se demandait si l'un des trois (les comportements, les pensées et les sentiments) était à l'origine des deux autres, ou s'ils provenaient des stimuli externes.

Désormais, la science reconnaît que le trios s'influence mutuellement. Nos sentiments influencent nos pensées, nos pensées influencent nos comportements, nos comportements influencent nos sentiments, nos sentiments influencent nos pensées, et nos pensées influencent nos sentiments. Effectivement, les stimuli externes font également partie du tableau.

De nombreuses méthodes traditionnelles ne ciblent que les comportements ou les pensées. Cependant, l'on découvre que l'accès direct à nos émotions est possible. Il est possible de s'adresser directement à elles. Il est important d'établir une connexion sensorielle avec les émotions et d'exprimer celles-ci.

Pour conclure, avant tout, il est important de dire que nous avons une âme. Les Mandalas invitent à la découverte de soi.

AUTEUR / ILLUSTRATRICE

Karen White Porter est la Directrice du l'Académie Loga Springs et une enseignante certifiée par le Conseil National. Après l'obtention de son Master en enseignement des Langues à l'université de Rutgers, elle débute sa carrière d'enseignante. C'est alors qu'elle réalise l'importance de l'intelligence émotionnelle. Ayant enseigné dans le monde entier, lui a donné un aperçu sur l'importance des fondements émotionnels. Elle a enseigné au primaire, au secondaire et à l'université: en Chine, en Ecosse, à New York, au New Jersey et en Floride.

CO-AUTEUR

Dr. Martha Marcella Joseph Watts, surnommée affectueusement «Tatie Marcella », est un auteur, professeur d'anglais, formatrice d'enseignants et consultante pédagogique indépendante. Elle est connue pour ses ouvrages sur la méthode « Writing to Response » (WTR), un guide rédactionnel pour étudiant. Ces ressources comprennent des livres, des cahiers d'activités, des grilles et des guides pour étudiants et enseignants. Elle est également l'auteur de l'album de jeunesse « The Adventure of Iyani ». Dr. Watts a enseigné au primaire, au secondaire et à l'Université dans son île natale la Dominique, aux Îles Vierge et en Floride. Grâce à ses interactions avec des apprenants, elle a pu observer leurs réactions émotionnelles face aux catastrophes naturelles, aux troubles scolaires, ou encore face à la perte d'un être chère.

TRADUCTRICE

Lydia Joseph, bilingue et diplômée d'un Master mention Art, Littérature et Civilisation Parcours Anglophone à l'Université des Antilles de la Martinique, est une spécialiste en langue anglaise. Elle réside actuellement en Guadeloupe et cet ouvrage est sa première traduction complète d'un livre. Après ses cinq années d'études elle intègre un dispositif de lutte contre l'illettrisme précoce. Par la suite, elle met en œuvre des cours ludiques d'anglais au sein de diverses structures et dispense des cours de préparation au TOEIC, ce qui lui permet de travailler avec un public varié : des enfants, des adolescents et des adultes. Dévouée et déterminée à créer un environnement et un climat propices à l'apprentissage, elle accompagne des élèves dyslexiques et autistes favorisant leur autonomie et leur intégration scolaire.

www.ingramcontent.com/pod-product-compliance
Lightning Source LLC
Chambersburg PA
CBHW042121040426
42449CB00003B/134